눈금 하나 그어놓고

눈금 하나 그어놓고

오·기·환·시·조·집

해암

| 작가의 말 |

부족한 내공과 얕은 시심으로
시작(詩作) 활동의 미숙함을 고민하면서 지내다가
노년이 되니 몸의 기능이 나날이 흐려짐을 느낍니다.

그동안 발표했거나
모아 두었던 시조를 모아
시조집이란 이름을 빌립니다.

하나의 족적을 남긴다는 심정으로
용기를 내고 보니 두려움이 앞섭니다.

사랑하는 가족,
눈에 넣어도 아프지 않을 손주들.

그리고 하늘에 계신 부모님 앞에
이 시조집을 바칩니다.

2023년 여름

야헌(若軒) 오 기 환

| 차례 |

1부_ 하루를 긋다 보면

2부_ 오늘따라 새롭다

| 차례 |

3부_ 수채화길

4부_ 어머니와 손주

| 차례 |

5부_ 깨닫고 또 깨달으며

제1부

하루를 긋다 보면

넝쿨의 꿈

떼쓰다 돌아앉아 잠차진 아이마냥
내 길은 언제까지 끝없는 걸음일까
바람에 흔들릴 때는 방향조차 잊은 채

밤마다 이슬 찾아 발붙이며 뻗어가다
손닿는 곳 어디라도 눈금 하나 그어놓고
갈증을 잠재울 줄 몰라 시공 끝을 헤맨다

어떤 약속

눈 덮인 들판 위에 낙서하고 돌아오면

며칠 뒤 눈이 녹고 검은 흙이 드러났다

못 잊어 눈을 헤치며 새파랗게 돋는 말

건넬 듯 말 듯

뜰 앞을 장식한 꽃 넘치는 잔치인데

간밤에 이별 소리 꽃비 너였나 보다

무슨 말 전할 것 같더니

내년 봄에 하려나

달밤 우화

빈 가지 걸린 달이
날 보고 눈 맞춘다

다가가면 멀어지고
돌아서면 따라온다

몸 숨겨 뒤돌아보니
환한 얼굴 어머니

대나무

제 생을 다 바쳐서 딱 한 번 꽃피우는

곧은 듯 푸른 얼굴 먼 뒷일 생각는가

저렇게 피우지 못한 꽃 나에게도 있을까

풀어 놓은 한 해

오만 원 헐어보니 쓴 곳 없이 사라지듯

새해를 풀고 보니

한 달 두 달 금방 가네

쏜 화살 잡을 수 없는 어영부영 또 하루

어린 날 일기

내 나이 여섯 살은
여름 냇가 두고 왔네
발장구 헤엄치던
물속의 햇살 무리

산산이 부서진 채로
그 물가에 남았네

나의 하안거

하루를 긋다 보면 선과 선 가로막지만

묵은 일 털어내고 걸어온 길 돌아보랴

터득한 영혼의 휴식 오랜 시름 다 씻는다

비 내리는 절영도

안개로 바다 그린
함지골 수묵 한 점

태초의 말씀들이 스멀스멀 스며든다

봉래산 먼지를 씻고
신선인 듯 앉아있는

옆자리 훈기

밤중에 잠이 깨면 자리끼 찾아가듯

집안에 피는 기척 코 고는 아내 있다

익숙한 삶의 온도가 함께 있어 따뜻하다

다기茶器

빚은 흙 자연 바람
우주를 담은 찻잔

금 긋는 파편 위로
세상 주름 펼쳐두고

청산을 담아놓는 날
백학 한 쌍 날아든다

어떤 모성

살처분 어미 소가 비틀대는 흙구덩이

멋모르는 송아지가 젖 달라고 다가서네

어미는 안간힘 쓰며
젖 다 주고 쓰러진다

다대포 낙조 분수

안개꽃 피어나는 물줄기는 색의 반란
물방울 줄기 되어 선으로 흔들다가
분수는 어둠을 싸안고 화폭 가득 채운다

반쯤 벙근 연꽃이며 활짝 핀 꽃봉오리
물줄기 솟았다가 폭풍우 이루다가
보름달 허공에 뜨면 꿈이 죄다 솟구친다

폭포

계곡물 울리다가 쉼표로 흐르다가

무서운 기세마저 순한 물길 다듬더니

산세도 통째로 삼켜 벼랑 끝에 선 긋네

뜸을 뜨다

불붙인 서암 뜸이 연기꽃 피워내면
손바닥 혈자리는 오장육부 자극한다
서서히 신장 부위에서 뜨거움을 느낀다

안구 점 붙여놓다 비(鼻)점에 옮겨 두고
위장 간장 돌아가며 불길을 조절하네
꾹꾹꾹 극단을 넘기면
후련함을 맛본다

오기환 시조집

눈금 하나 그어놓고

제 2 부

오늘따라 새롭다

구형왕릉에서

가야의 얼이 담긴 돌무덤 읽어본다
일곱 개 단을 쌓고 봉곳이 세운 무덤
산자락 그날 침묵이 오늘따라 새롭다

켜켜이 쌓인 시간 어제인 듯 그대론데
소가야 다스리던 위엄은 다 녹은 채
왕조의 기나긴 얼굴
돌이 되어 반긴다

치자꽃이 필 때

시골집 앞마당에
찾아온 귀한 손님

반가움 앞세우고
향기로 답을 하네

노랗게 우려낸 꽃물
속삭이는 첫여름

부싯돌

고단한 살림살이 담배쌈지 꺼내놓고
담뱃대 하나 가득 시름을 채우시던
부싯돌 내리치는 소리
아버지를 듣는다

가난한 살림살이 동지 밤 깊어 가고
잠시라도 허리 펴면 자식들 돌아보시던
담뱃불 사그라드는 소리
세월만큼 아리다

코스모스 꽃말

맨 처음 신이 빚은
그대는 코스모스

한 줄기 오솔길 따라
첫사랑 그리움아

열여섯 꿈을 지피며 허공 향해 흔든다

궁남지에서

수만 평 풀은 설렘 초록 속에 출렁인다

연꽃을 피워올린 깨끗한 약속이듯

첫새벽 이슬의 노래 눈이 부신 꽃등들

칠백 년 고려 연꽃

성산성* 옛 연못 터 진흙층 뒤지다가
도토리 닮은 연씨 열 알을 수습하니
씨앗 속 작은 생명체 측정 연대 밝혀지다

두 알은 발아하고, 또 하나 싹을 내밀고
이듬해 긴장 속에 꽃대를 드리우니
홍련화 천년 잠 깨어나 역사 새로 짓는다

* 경남 함안군 성산산성(사적 67호)

풍요한 빈곤

땟국이 붙어 다닌 가난한 어린 시절
피부는 부스럼이 쉴 새 없이 돋아나고
머리엔 종기 자리 잡고 가난 꽃이 피었는데

먹어도 먹었어도 돌아서면 허기지는
입술은 하늘 향해 뱃가죽 움켜잡네
세상은 풍요한 빈곤 혀를 날름 디민다

은행잎 축제

눈 감으면 저만치서 성큼성큼 다가서는

축제장 색칠하던 샛노란 그녀 얼굴

수북이 쌓고 쌓아도 다시 또 보고 싶다

거류산*

누가 널 부르더냐 스스로 걸었느냐
눈 뜨면 거류산이 사립 열고 다가서고
고향집 먼발치 너머 어린 시절 꿈이야

철 따라 무게만큼 해풍으로 씻어오다
그날의 풍경인 듯 그리움 채워놓고
가슴 속 실타래 풀듯 세월 자꾸 감는다

* 걸어왔다는 전설의 산

벚꽃의 낙화

어머니 돌아가신 그날처럼 꽃비 오네

온 천지 뿌리고도 사랑인 듯 쉬지 않네

외로운 초가 뜰 가득

꽃잎꽃잎 물드네

연꽃의 개화

연잎이 부딪치면
온 천지 번개 친다

물 위로 솟아나는
노랗고 붉고 흰 꿈

밤마다 은하수 건너
이슬 받아 꽃핀다

때로는 모르는 게 약

안경알 닦고 나니
마음조차 초조하다

외면하던 물체들이
생각 외로 드러나고

내 생의 추한 일부를
지우려고 보챈다

아기별 손님

공휴일 한나절에
아기별 온다는데

설레는 마음 모아 방안 정리 현관 청소

낭랑한 손자들 음성 눈과 귀가 번쩍한다

오 기 환 시조집

눈금 하나 그어놓고

제 3 부

수채화길

작별

평소에 사랑하는 사람을 만나는데도

꼭 한번 그리는 맘 버릴 수 없는 것들

넘기는 신년 달력을

새로 달고 떼어도

뻐꾸기 우는 사연

길섶에 자리 잡은

어머니 푸른 봉분

봄이 오면 항상 듣는 뻐꾸기 울음소리

아들아

사랑하는 아들아

계절 내내 부른다

수채화길

비 오다 그치기를 몇 차례 반복하는

젖은 잎 수북하게 쌓여있는 가을 아침

투명을 그리다 가는 모든 생이 가볍다

그릇

나보다 나를 위해 더 많이 씻고 닦는

젊음을 헤프게 쓴 지켜보던 그림자들

금이 간 그릇일망정 꿈 하나를 담는다

물속의 명상

흐르는 물소리는

몸피가 가벼운지

바람과 어울리며

화음을 맞춰간다

고요는 가슴에 당겨

가부좌로

앉히고

백작약

오월은 분홍 꽃이 웃음으로 피어나네

꽃 좋아 심곤 하던 아버지 백작약꽃

꽃잎에 어리는 영상 주름살도 웃는다

낙엽의 생

하늘 끝 타고 왔나
잎 온통 물이 드네

바라지 않는 세상
저렇게 화려한데

네 생은 잎 떨어져야
그리움이 더할까

동화사 환상

보리수 나무 아래 경 외듯 줍던 열매
그 겨울 사찰 위로 엄습한 추위 너머
무심코 고개 들어보니 바가지 든 동자승

그 열매 깎고 닦아 두어 단주 만들었지
어머니 깊이만큼 나 또한 깊이 지닌
그 은혜 감사드리며 불심 밟는 이 마음

그림의 떡

모기장 펼쳐진 방 엄마 아이 잠을 자고

달콤한 아가 젖내 입맛 다시는 모기

눈앞의 먹이를 두고 갈증만이 더한다

옥산 서원*

등 뒤로 독락당을 아담히 세워두고
계곡물 청정한 뜻 선비들 거울 되니
출입문 외나무다리 또 하나의 관문인가

뛰어난 인재들이 난국의 동량되니
이름마다 역사의 혼 오늘에 전하건만
선비의 숨결 스민 고택 오래오래 빛나라

* 이언적 덕행 모신 곳

주름살

나무는 나이테를 새기며 숲 이룬다
나날이 늘어나는 세월을 살았는데
칠순을 살아오는 생 무엇 향해 달리나

얽힌 타래 숨김없이 흔적을 남겨야지
자신을 닦기 위해 다른 이를 돕기 위해
주름은 예쁜 미소로 울창한 숲 남긴다

꽃비 마중

바람이 산들 부네 비 온 뒤 활짝 핀 꽃

산책길 발걸음은 꽃이 되어 걸어가고

당신의 환한 얼굴도 봄의 뒤를 따른다

눈물 한 방울의 속내

뇌종양 동맥 파열 그녀는 식물 인간
중환자도 의식 있단 어느 책 체험 읽고
사랑해 꼭 나을거야 침묵만이 흐른다

엄마가 손가락을 움직여요 아빠, 아빠
뺨에서 까닭 모를 눈물방울 흘러나고
어느덧 어렴풋한 빛 무거운 밤 뚫었다

엉겅퀴

두려운 세상살이
밤낮 없이 참아내다

온몸에 돋은 가시
제 몸을 지키는가

한평생 얄궂은 운명
향기만은 푸르네

제4부

어머니와 손주

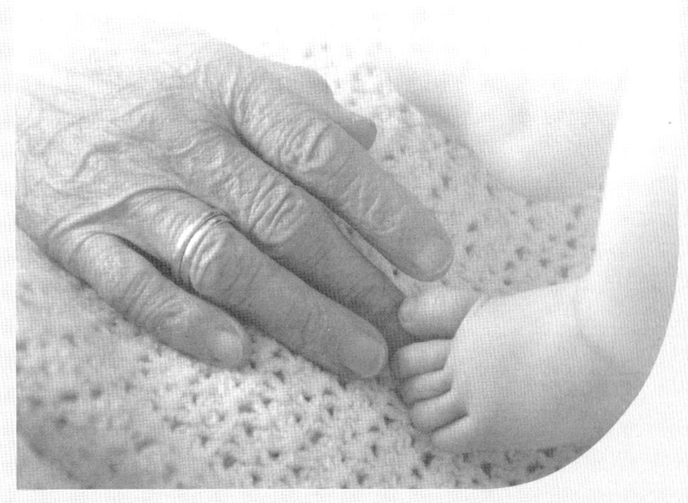

어머니, 그 이름

모든 것 부족해도 작은 불씨 잡으려고

여린 힘 악물면서 안으로 삼키면서

언제나 영원한 이름 어머니라 했던가

서기 시작하는 손주

겨운 힘 다 쏟더니
보조기 잡고 선다

뒤뚱이는 동작마다
앞을 향해 움직이고

내딛는 첫걸음 속에
박수갈채 가득하다

아, 어머니

십 오세 어린 나이 철들자 신혼 살이
다섯 마당 치러놓고 아이들 키워가던
그 얼굴 당당한 용기 하늘까지 펼칩니다

큰아들 잃은 설움 비 맞아도 함께 젖고
피붙이 찾아가도 하소연은 빈 메아리만
울리는 창공의 환청에 발걸음이 무겁다

어머니 안경

안경 벗고 생활하니 만상이 흐리다
먼 윤곽 뚜렷한데 눈앞이 어지럽다시던
어머니 아픈 심정을 누가 알아 들을까

철없던 아들 눈에 드러나는 불편함을
어머니 시력조차 투정하던 아들인데
그 시절 되돌아간들 님의 마음 들릴까

손주를 재우며

손주의 숨소리를 품에 안고 느껴보면

한 문장 다듬어도

시 한 편 가득 차고

온 세상 이보다 더하랴 서정 함께 영근다

손자들

쌍둥이 유모차에 두 놈이 산책 가면

길 가는 사람마다 신록인 양 훔쳐보고

눈동자 마주칠 때마다 단풍잎이 물든다

어머니의 부뚜막

저녁밥 연기 올라 밤 시간 길어지면

어두운 부뚜막이 그렇게 싫다시던

흘리던 가난한 언어 어머니가 어린다

어머니 마음 조각

생신 때 건네드린 꼬깃꼬깃 용돈들
못 본 듯 오래오래 깊숙이 숨긴 까닭
맛난 거 사 먹으라며 아들 손에 쥐어준

평생을 가난 안고 이골 난 생이었네
입버릇 푸념처럼 구름 타고 갔었지만
어머니 이름만으로 명치께가 아린다

어머니의 밥상

늙은이 혼자 먹는 저녁상은 다 이렇다

배불리 먹겠다고 따로 밥상 차린다냐

자식은 집 떠나 있는데 입맛인들 좋으랴

손주

뒤꿈치 쳐들더니
방문을 쉽게 열고

음악을 틀어주면
리듬 맞춰 몸 흔들고

하나씩 달라지는 몸짓
할배 눈이 즐겁다

잠자는 손주

잠시도 쉬지 않고 땀나게 다니다가

잠투정 칭얼칭얼 할머니 등 기대면

온 세상 고요함 다 담아

별빛처럼 꿈꾼다

어머니 기도

밤 이슥한 선달 추위 아들에게 등불 들리고
맑은 물 정해진 곳 별빛에 치성이다
하늘 땅 신령님들께 수도 없이 빌고 빈

촛불이 펄럭이면 어둠도 무서움도
당신의 지극정성 한곳에 꽂아 둔 듯
어머니 진한 사랑이 소지 타고 오른다

손주와 대화

백일인 손주 안고 맑은 눈 마주한다

찡긋하는 얼굴 표정 여러 말을 건다

눈웃음 더 모자라면 옹알이로 답한다

하얀 도화지

잠자는 어린 손주
온 세상 평화인데

배냇짓 웃는 얼굴
걱정이 사라지고

그리는 숱한 바람 위
도화지는 하얗다

막내 손주의 인사

첫돌 지난 막내 손주 거실 가득 번잡하다

선잠을 깨어선지 나를 보자 옹알댄다

땀나게 나부대던 만큼 엄마 품에 잠들며

오기환 시조집

눈금 하나 그어놓고

제5부

깨닫고 또 깨달으며

단상

도문 광장 들어서면 두만강 칠백 리 길
붉게 쓴 접근 금지 보고 또 바라봐도
북녘은 손 닿을 듯이 반갑게 다가선다

이쪽은 자유 왕래 웃음 띤 얼굴인데
저쪽은 침묵 속에 인기척 볼 수 없다
강물은 정 나눈 사이 손을 잡고 흐르는데

적막

호흡이 멈춘 듯이 들숨날숨 소리 없다

칠성각 외딴 암자 인기척 하나 없는

디딤돌 흰 고무신 하나
풍경소리 금이 간다

참선

동자승 오후 한때
면벽하고 앉아 있네

저린 발 아픔 잊고
꾸어빽 졸고 있네

서역은 아득히 멀기만
부처님이 웃고 있네

기신 마을

물 좋은 기신 마을

연변 여성 손맛인데

소두부 한 그릇에 시장기를 달래주고

모두부 투박한 모습

조선 얼굴 비치네

삼매三昧

호수가 잠잠하다 온갖 상 다 품은 채

어긋난 둘레길을 자연 속에 묻어두면

거울을 들여다보듯 나의 길이 보이려나

물방울 관음도*

구도길 찾아가는 앳된 소년 선재 동자
목마른 불심만큼 부처님은 멀리멀리
물방울 하나에 감싸여 미소 짓는 관음보살

선으로 시작하여 격조 있는 색감 위로
오른손 버들가지 왼손엔 정병 들고
해맑은 물방울 하나가 손끝에서 빛난다

* 일본 센소지에 소장된 고려시대 불화, 수월관음도라고도 함.

ㅂ 스님 법문

부처님 오신 날에 법문 하나 들어보자

세상만사 생긴 이치 얽히고 또 감기어

남 먼저 복잡한 세상사

연꽃 하나 들었다

백두산 천지

꿈꾸면 보게 될까 주저하던 이름인데
천지 향한 발걸음이 이렇게 가벼울까
하늘이 맞닿은 곳에 또 하늘이 비친다

눈 들면 대륙 향해 아득한 들판인데
두만강변 비옥한 땅 우리 조상 터전이라
천지는 아픔을 담고 푸르기만 하는데

두만강 나루터에 서서

그토록 보고 싶던 두만강 푸른 물결

강변 따라 철조망은 속이 타 녹이 슬고

강물은 가슴을 치며 울며불며 흐른다

ㅎ 스님 법문

주발에 그대 생은 헤엄치는 물고긴데

한 모금씩 마를 날이 다가오고 있건마는

그 생은 천년을 살 듯

무명 속을 헤맨다

방천의 첫걸음

도문에서 두어 시간 방천 땅 도착하다
저만치 동쪽 바다 수평선이 다가서고
좌우에 두 나라를 끼고 세 나라를 마주하네

훈족이 세워놓은 관광 탑 올라서니
강 건너 북쪽 산야 손닿을 듯 펼쳐두고
방천은 말하다 말고 꿈만 꾸고 말 건가

윤동주 생가에서

용정서 수 십리 길 명동 땅 찾아가니
돌에 새긴 그의 작품 고국 과객 반겨주네
잠자는 시골의 옛 생가
남루 안고 남았네

해설사 한 사람이 생가 역사 대변하네
지난날 민족 설움 한 맺힌 절규 담아
시인의 이름난 슬픔
오래오래 남으라

장백 폭포 앞에서

가쁜 숨 몰아쉬고
천 길 폭포 앞에 섰네

장백에 눌린 심장
끝도 없이 졸아들고

지축을 쉼 없이 흔든
물소리는 참 맑다

백두산 하산 길

백두산 정기 받고 하산하는 동토의 땅

고산의 나뭇잎은
찬바람이 빗질했네

멈출 듯 흐린 하늘 아래 하소연을 듣는다

해설

민 달
(시조시인, 문학박사)

정갈한 아포리즘의 미학

– 오기환의 시조세계

정갈한 아포리즘의 미학

민 달
(시조시인, 문학박사)

정형시는 자유시와 달리 형식적 제약이 필수불가결한 요소이다. 협의의 정형시에는 형식의 절대성을 추구하고 음절 수가 고정불변인 중국의 한시(漢詩), 일본의 하이쿠(俳句) 등이 속한다. 광의의 정형시에는 음절 수의 가변성을 다소 허용하는 정형시가 포함된다. 우리나라 고유의 정형시인 시조(時調)가 해당된다. 시조는 '3장 6구 12음보'로 형식이 정해져 있지만 음절 수는 총 45음절 내외로 유동적이다.

이와 같은 융통성 있는 장르적 특성과 자유시와 공존 상황 등으로 인해 시조문단에서는 파격적인 시조를 창작하는 경우가 비일비재하다. 옴니버스 시조, 양장시조, 단장시조 등 파격적이고 실험적인 시조가 이미 시조의 한 종류로 인정되기에 이르렀다. 더욱이 장(章)과 구(句)에 대한 명확한 인식을 하지 않고 창작한 시조, 과음보(過音步) 표현으로 자유시와 구별이 되지 않는 시조를 발표하는 경우도 허다하다. 시적 효과를 위해 장별 배행이 아닌 구별 배행 시조 등은 가능하겠

지만 시조의 기본 형식을 파괴하는 것은 시조의 본령을 벗어나기에 지양해야 할 창작 방법일 것이다.

이러한 문단 분위기에서도 오기환 시인은 시조의 정형성을 굳건하게 지키며 창작을 하는 보배로운 시인이다.

> 눈 덮인 들판 위에 낙서하고 돌아오면 //
> 며칠 뒤 눈이 녹고 검은 흙이 드러났다 //
> 못 잊어 눈을 헤치며 새파랗게 돋는 말
>
> —「어떤 약속」

시조 〈어떤 약속〉에서도 드러나듯 오기환 시인은 3장 6구 12음보격을 철저히 준수하며 시조 창작에 임하고 있다. 첫 시조집『눈금 하나 그어 놓고』에 실린 시조는 예외 없이 각 장 독립성, 각 장 4음보, 각 장 2구씩 분리성 등까지 엄격하게 지키고 있다. 시조의 기본 정형은 반드시 견지해야 할 정칙임을 인지하고 정격 시조의 전범(典範)을 보여주고 있다. 6구와 12음보를 간과하거나 심지어는 3장 구조까지도 임의로 변형하려는 시조단의 일부 시도에 대해 경종을 울릴만한 창작 태도이다.

오기환 시인은 30년 이상을 중등학교 교사로 봉직하였고 학교장으로 정년퇴임을 한 이력을 지니고 있다. 오랜 기간 모범적인 공직생활을 수행한 것처럼 현대시조단에서도 보기 드물게 정형성을 반듯하게 고수

하는 시조시인으로 정평이 나 있다. 또한 학교장 재직 시에는 중고등학교 학생 교육용으로 시조의 정형을 잘 지킨 『단시조 100선집』을 직접 편집하여 보급하기도 했다. 시조의 정체성을 유지하는 데 일익을 담당함은 물론 시조의 저변 확대에도 많은 노력을 기울이고 있다. 시조시인으로서 책무성을 다하고 있는 오기환 시인의 시조를 살펴보고 특질을 추출해 내는 일은 시조의 정통성 확립 측면에서도 유의미한 작업이 될 것이다.

1. 모성(母性), 그 숭엄한 이름표

예로부터 시인들이 시적 대상으로 가장 많이 활용하는 존재는 '어머니'이다. 어머니가 시적 제재로 자주 차용되는 이유는 본원적이라는 점과 부재하는 대상이 되기 쉽기 때문이다. 인간은 누구나 삶의 근원을 찾고자 열망한다. 모든 인간의 삶은 어머니에게서 출발하기에 어머니는 뿌리이다. 또한 어머니는 언젠가는 부재의 대상이 된다. 어머니는 삶과 죽음 혹은 결핍의 문제에 천착하는 시인에게 있어서 무척 끌리는 시적 대상이 될 수밖에 없다.

고대가요부터 현대문학에 이르기까지 어머니를 모티프로 설정한 작품은 대개 몇 가지로 유형화되어 있다. 어머니를 그리워하는 사모곡, 어머니에게 바치는 헌시, 어머니의 사랑에 대한 예찬시, 부재하는 어머니를 기리는 애도시 등이 대부분이다. 그 근거는 우리나라가 대대로 가부장 중심의 사회를 유지한 것에서 찾을 수 있다. 어머니라는 존재를 희생하는 여성상으로 규정하고 당연시하는 사회상의 반영인 것이다. 한편으로는 그러한 어머니에 대한 연민과 보상 차원에서 어머니를 미화하기 때문이다.

오기환 시인의 시조에도 어머니를 시적 대상으로 활용한 작품이 다소 있다. 〈어머니의 밥상〉, 〈어머니의 부뚜막〉, 〈어머니 안경〉, 〈아, 어머니〉, 〈어머니, 그 이름〉, 〈눈물 한 방울의 속내〉, 〈뻐꾸기 우는 사연〉, 〈벚꽃의 낙화〉, 〈달밤 우화〉 등 다수의 작품이 있다.

살처분 어미 소가 비틀대는 흙구덩이

멋모르는 송아지가 젖 달라고 다가서네

어미는 안간힘 쓰며
젖 다 주고 쓰러진다

—「어떤 모성」

오기환 시인의 시조 〈어떤 모성〉에서는 "살처분 어미 소"가 "젖 달라고" 조르는 "송아지"에게 "안간힘 쓰며" 젖을 먹여주고는 "쓰러지"는 시적 상황이 설정되어 있다. 구제역으로 많은 소가 살처분을 당하는 상황에서 한 마리 어미 소가 갓 태어난 새끼 송아지에게 젖을 물리는 장면이 선하게 떠오른다. 병에 걸려 죽임을 당하기 직전에 처한 어미 소가 목숨이 다할 때까지 새끼 송아지에게 베푸는 처절하리만치 안타까운 모성을 묘사하고 있다. 결국에는 새끼 송아지도 어미 소와 함께 살처분을 당할 운명이겠지만 어미 소와 송아지는 그것도 모른 채 본능에 충실한 모습이 더욱 안타까움을 자아낸다.

에리히 프롬(Erich Frommm)은『사랑의 기술』(The Art of Loving)에서 모성애의 본성은 어린 아이의 생명과 욕구에 대한 무조건적 긍정이라고 했다. 그리고 생명의 긍정에는 두 가지 측면이 있다고 했다. 하나는 아이의 생명 유지와 성장에 절대로 필요한 보호와 책임, 다른 하나는 단순한 생명의 유지를 훨씬 능가하는, 삶에 대한 사랑, 삶의 행복감을 가르쳐 주는 것이라고 했다.

시조 〈어떤 모성〉은 위 생명의 긍정 관점에서 볼 때 첫째 항목인 생명 유지와 성장을 위한 보호와 책임에 해당하는 모성이다. 어미 소와 새끼 송아지의 관계를 인간 관계에 대응해 보면 평생 동안 자식을 위해 희생하는 어머니의 끝없는 사랑, 그 숭엄한 모성을 유추할 수 있는 작품이다.

다음에 제시하는 시조 〈어머니 기도〉는 프롬이 제시한 생명 긍정 관점에서 볼 때 둘째 항목인 생명 유지를 능가하는 삶의 행복감을 가르쳐 주는 모성에 해당하는 작품이다.

밤 이슥한 섣달 추위 아들에게 등불 들리고
맑은 물 정해진 곳 별빛에 치성이다
하늘 땅 신령님들께 수도 없이 빌고 빈

촛불이 펄럭이면 어둠도 무서움도
당신의 지극정성 한곳에 꽂아 둔 듯
어머니 진한 사랑이 소지 타고 오른다

―「어머니 기도」

〈어머니 기도〉는 혹독하게 추운 한겨울 밤에도 아들의 안녕과 가족의 화평을 "하늘 땅 신령님들께" 정성을 다해 비는 어머니의 모습을 형상화한 시조이다. 정화수를 구해서 "지극정성" 신에게 소원을 빌어보는 "어머니"의 "진한 사랑"이 느껴진다. 단순한 생명의 유지를 훨씬 능가하는, 삶에 대한 사랑과 삶의 행복감을 갈망하는 모성을 실감할 수 있는 작품이다.

이 시조는 괴테(J. W. von Goethe)의 희곡 〈파우스트〉(Faust) 마지막 구절인 "영원히 여성적인 것이 세상을 이끌어 올린다!"는 구절에 부합하는 시조이다. 여성이 세상을 구원한다는 의미는 결국 모성을 지닌 여성이 인류를 존속시키고 구원할 수 있는 존재라는 방증일 것이다.

생신 때 건네드린 꼬깃꼬깃 용돈들
못 본 듯 오래오래 깊숙이 숨긴 까닭
맛난 거 사 먹으라며 아들 손에 쥐어준

평생을 가난 안고 이골 난 생이었네
입버릇 푸념처럼 구름 타고 갔었지만
어머니 이름만으로 명치께가 아린다

—「어머니 마음조각」

시문학사에서 어머니를 시적 대상으로 한 작품들 중에 모성 수행 등 모성에 해당하는 구체적인 행위를 표현한 작품은 거의 드문 편이다. 시조 〈어머니 마음조각〉은 모성 행위를 구체화하여 보여준다. 어머니 "생신 때" 드렸던 "용돈들"을 "꼬깃꼬깃" 숨겨 두셨다가 다시 "아들 손"에 건네 주시며 "맛난 거 사 먹으라"시는 어머니의 모성이 눈물겹게 와 닿는 작품이다. 둘째 수 초장에 나오듯 "평생을 가난 안고 이골 난 생"을 사신 어머니이므로 자식 입장에서 가슴 속이 더욱 시리고 아파오는 것이다.

기존 문학작품 속에서 어머니는 부지기수로 표현되었지만 대다수가 획일적으로 어머니를 미화시켜 찬미하거나, 구체화되지 못하고 추상적으로 처리되었다. 이에 반해 〈어머니 마음조각〉은 여느 모성을 노래한 시들과 확연히 차별화된다. 우선 어머니가 시적 주체로 형상화되어 있다. 이 시조 첫 수에서 어머니는 비

주체적인 객체가 아니라 모성 수행의 주체로서 당당히 부각되고 있다. 둘째 수는 가난과 출산과 양육이라는 삼중고를 껴안은 여성 이미지를 내포하고 있다. 모성 경험을 추상적으로 표현하지 않고 구체화하고 있다.

모성은 어머니가 되고 난 이후의 모습만을 의미하지는 않는다. 한 여성이 태어나 성장하여 어머니가 되는 일련의 과정과 어머니가 되어서 치르는 갖가지 경험들을 총칭하는 개념이다. 진정한 모성은 사회나 가족 구성원의 일원으로서 다양한 인간관계나 사회적 맥락 속에서 이해해야 하는 개념이다. 곧 문학작품 속에서 바람직한 모성은 가부장제의 부산물이 아니라 주체적으로 모성을 경험하는 여성들을 통해 드러나야 할 것이다. 이러한 관점에서 오기환 시인의 시조 〈어머니 마음조각〉은 모성 탐구의 한 가능성을 개진한 작품이다. 다양한 인간관계나 사회적 맥락 속에서 능동적 행위의 주체자로서 모성을 형상화하는 모성시(母性詩)로서의 확장 가능성을 기대하게 한다.

2. 행복론 혹은 손자사랑

행복에 대한 사전적 의미는 '생활 속에서 만족감과 기쁨을 느껴 흐뭇한 상태. 욕구나 욕망이 충족되어 즐거운 심리적 상태'이다. 행복은 모든 인간이 궁극적으로 추구하는 삶의 목표이기도 하다. 사회와 국가 구성의 최소 단위가 가족이기에 행복을 찾을 수 있는 가장

요긴한 곳이 가정이다. 가족관계는 태어나면서부터 필연적으로 맺어지는 가장 기본적인 인간관계이다. 혼인 및 출생 등으로 형성되므로 가장 친밀도가 높은 인간관계이다.

그러나 물질만능주의, 핵가족화, 개인주의의 팽배 등 사회 환경의 변화로 가족 개념의 필요성이 점차 퇴색되고 있다. 이렇듯 각박하게 변모하는 사회에서 가족의 중요성을 되찾는 것은 시급한 과제가 될 수 있다. 그 역할 중 상당 부분은 감수성을 자극하는 시와 시조, 감동을 자아내는 소설 등이 감당해야 할 것이다.

분열과 대립의 시대상황에서 소통과 화합의 공동체를 지향하는 첫 단계는 가족이다. 오기환 시인의 시조 중에 가족애에서 발아한 작품이 다수 있다. 그것은 주로 조부가 손자들을 통해 느끼는 만족감과 손자들에게 베푸는 무조건적인 사랑의 모습으로 표출된다. 〈서기 시작하는 손주〉, 〈손자들〉, 〈손자〉, 〈잠자는 손주〉, 〈손주와 대화〉, 〈막내 손주의 인사〉 등의 작품이 있다.

> 공휴일 한나절에
> 아기별 온다는데
>
> 설레는 마음 모아 방안 정리 현관 청소
>
> —「아기별 손님」

시조 〈아기별 손님〉은 “낭랑한 손자들”을 맞이하는 조부모의 “설레는 마음”을 담백한 어조로 표현한 작품이다. “손자들”을 “아기별”에 비유하고 있다. 손자들은 특별한 손님이나 소중한 선물처럼 다가오는 존재이기에 “방안 정리”를 하고 “현관 청소”를 하면서 맞이할 준비를 한다. 조부모는 손자들을 귀하게 여기고 무조건적인 사랑을 베푼다. 자녀들은 성장했기에 자녀들에게 못다한 사랑을 손자들에게 베풀고 싶은 마음이 기저에 있는 것이다. 또는 자녀들의 자녀인 손자들을 돌보고 사랑함으로써 자녀들 대신 역할 분담을 함으로써 자신의 존재감을 확인할 수도 있다. 이러한 것들은 행복감의 원천이 되는 것이다.

사회학적 관점에서 보면 손자들을 반갑게 맞이하는 것은 제2의 자식농사로 인식하여 책임감과 보람을 찾는 행위라고 한다. 가족들의 행복에 기여하는 긍정적 측면과 손자들과 친밀감을 향상시킴으로써 자존감을 재인식하게 되는 과정으로 파악한다. 손자들과 함께하는 시간을 의무감이라기 보다는 혈육애와 노년의 공허함을 채워주는 자발적 행복찾기의 일환으로 보는 것이다.

손주의 숨소리를 품에 안고 느껴보면
한 문장 다듬어도
시 한 편 가득 차고
온 세상 이보다 더하랴 서정 함께 영근다

—「손주를 재우며」

시조 〈손주를 재우며〉는 조부모가 손주의 잠든 모습을 보고, 손주의 "숨소리"를 들으며 무한한 행복감에 젖는 모습을 그리고 있다. 유태인 격언에 '한 사람의 손자는 세 사람의 자기 자식보다 더 귀엽다'는 말이 있다. 조부모에게 손자들은 노년에 새롭게 형성된 인간관계이다. 조부모가 손자들을 사랑하고 돌본다는 것은 가족관계를 계승해 가는 긴요한 행위라고 볼 수 있다.

조부모는 손자들에게, 손자들은 조부모에게 긍정적 애착을 가진다고 한다. 심리학자들은 조부모의 손자 사랑을 자녀들이 더 이상 사랑을 갈급해 하지 않음에 대한 보상심리라고 판단하기도 한다. 부모가 자식의 성장을 위해 무한 희생을 하듯이 조부모가 손자들을 무조건적으로 사랑하는 것은 지극히 자연스러운 본능일 것이다. 이 시조는 손주가 편안하게 잠든 모습을 보면서 마치 이 세상을 다 얻은 것처럼 크나큰 기쁨을 만끽하는 조부모의 행복감을 표현하고 있다.

잠자는 어린 손주
온 세상 평화인데

배냇짓 웃는 얼굴
걱정이 사라지고

그리는 숱한 바람 위
도화지는 하얗다

—「하얀 도화지」

고시조 종장의 첫 음보에는 '아희야' 등과 같이 아이를 부르는 감탄사가 많이 등장한다. 고시조는 유교 관념이 바탕이 되었기에 화자는 어른이고 신분상 주종관계를 전제로 하고 있다. 주로 사대부들이 전원생활의 풍류를 즐기거나, 자연귀의를 노래할 때 아이가 등장한다. 고시조의 화자와 주체는 사대부이고 청자와 객체는 머슴이다. 이와 달리 오기환 시인의 시조에서는 어른인 조부모가 아니라, 아이인 손자에 초점이 맞춰진다. 손윗사람이 손아랫사람을 사랑하는 내리사랑을 드러낸다. 세대 공존과 세대 공감에 대한 의지를 표출한 것이다.

시조 〈하얀 도화지〉에서 "잠자는 어린 손주"는 근심 걱정 하나 없는 "온 세상 평화" 그 자체이다. 이 작품에서 "배냇짓 웃는 얼굴"을 하는 손주는 순진무구함, 희망의 대명사이다. 조부모에게 손주는 일상의 소소한 기쁨을 너머 무한한 행복감에 젖게 해 주고 평화로움을 주는 존재이다. 손자사랑으로 인한 행복감이 작품의 주제이다. 이러한 시조들은 손자에 대한 무조건적 사랑 등 가족관계에 대한 진중한 탐구의 결과물이다. 오기환 시인의 시조에서 가족애는 창작의 주요 모티프(motif)로 작용하고 있다.

3. '긋다' 의 표현미학

시인은 각기 즐겨 사용하는 시어가 있다. 고전시가를 보면 주로 '산, 강, 달, 소나무, 대나무, 바위' 등 자연물에 해당하는 시어를 많이 활용하였다. 현대시를 보면 한용운 시인은 '님' , 윤동주 시인은 '나', '밤', '부끄럼', 정지용 시인은 '의성어'와 '의태어'를 시어로 많이 쓴 편이다. 시인들이 각자 저마다 빈번하게 쓴 시어의 품사는 주로 명사나 부사이다.

오기환 시인의 첫 시조집에서 특히 눈에 띄는 시어는 명사나 부사가 아닌 '긋다'라는 동사이다. '긋다'의 사전적 의미를 확인해 보면 다음이다.

* 어떤 일정한 부분을 강조하거나 나타내기 위하여
  금이나 줄을 그리다
* 경계나 한계를 표시하다
* 성냥 등 뾰족한 물건을 평면에 댄 채로 어느 방향으로
  약간 힘을 주어 움직이다
* 물건값이나 밥값, 술값 따위를 바로 내지 않고 외상
  으로 처리하다
* 비가 잠시 그치다
* 비를 잠시 피하여 그치기를 기다리다
* 유의어 : 그리다, 짓다, 치다

'긋다'라는 동사는 일반적으로는 "어떤 일정한 부분을 강조하거나 나타내기 위하여 금이나 줄을 그리다." 라는 뜻으로 사용된다. 무엇인가를 기억하기 위해 새

겨 두어야 할 필요가 있을 때 쓰는 말이다. 이 외에도 위에 언급했듯이 "경계를 표시하다. 외상 처리를 하다. 비가 그치다." 등 여러 가지 사전적 의미가 있다. 이렇듯 다양한 의미가 있는 단어이기에 문학작품 속에 나왔을 경우에는 문맥을 파악한 후에 그 의미를 찾아야 한다.

크로이처(J.R.Kreuzer)는 『시의 구성 요소』(Elements of Poetry)에서 산문의 언어와 시의 언어를 지시성과 함축성으로 구분하였다. 산문의 언어는 개념 지시라는 목적을 위해서 가능한 한 의미를 명확하게 하는데 기여한다고 했다. 반면에 시의 언어는 함축적 의미를 풍부하게 하는 데 목적을 두기에 암시성과 압축성을 내세운다.

> 떼쓰다 돌아앉아 잠차진 아이마냥
> 내 길은 언제까지 끝없는 걸음일까
> 바람에 흔들릴 때는 방향조차 잊은 채
>
> 밤마다 이슬 찾아 발붙이며 뻗어가다
> 손닿는 곳 어디라도 눈금 하나 그어놓고
> 갈증을 잠재울 줄 몰라 시공 끝을 헤맨다
>
> —「넝쿨의 꿈」

오기환 시인의 첫 시조집 제목인 "눈금 하나 그어 놓고"라는 시구가 있는 〈넝쿨의 꿈〉이라는 시조이다. 〈

넝쿨의 꿈〉에서 "눈금"을 긋는다는 의미는 어떤 의미일까. 일단 긋는다는 것은 아무 것도 보이지 않는 바탕에 무엇인가 흔적을 남긴다는 말이다. '그림을 그린다, 글씨를 쓴다, 무작위로 어떤 일을 한다. 누군가를 그리워 한다' 등 다양한 의미로 해석이 가능하다. 시적 문맥을 고려해 볼 때 '무엇인가를 갈급하다. 찾아 헤매다' 등이 적절할 수도 있다. 이 시조에서 '긋다'라는 표현은 자연현상도 아니고, 무의식적인 행위가 아닌 주체적 행위를 의미하는 동사이다.

"바람에 흔들릴 때", "방향"을 "잊은" 때, "갈증을 잠재울 줄" 모를 때 "손닿는 곳"이면 "어디라도" 눈금을 "하나 그어놓고"자 한다. 삶의 족적이 될 수 있다. 어떤 하나의 흔적이자 생의 편린으로 볼 수도 있다. 분명한 것은 화자의 주체의지가 포함된 개념이다. 능동성과 주동성을 내포한 개념이다. 다분히 주관적이고 역동적인 행위를 나타내는 시어이다.

빚은 흙 자연 바람
우주를 담은 찻잔

금 긋는 파편 위로
세상 주름 펼쳐두고

청산을 따라놓는 날
백학 한 쌍 날아든다

—「다기(茶器)」

시조 〈다기(茶器)〉는 "찻잔"을 보면서 "흙"과 "자연 바람"과 드넓은 "우주"까지 광활한 상상력을 펼쳐보인다. 찻잔에 "금 긋는" 행위와 찻잔에 그려진 그림 이미지를 연상하면 고대 동굴 벽화까지 오버랩된다. 동굴 벽화는 동굴이나 암벽의 벽면 및 천장 부분에 그려진 그림의 총칭이다. 동굴 벽화도 일종의 그리기, 곧 긋기이다. 동굴 벽화는 특정일에 보이는 별자리를 기록했다는 학설이 있다. 어떠한 이유든 무엇인가를 기억하기 위해, 후대에 전수하기 위해, 생존하기 위해 이미지를 남긴 것은 부인할 수 없는 주지의 사실일 것이다.

이 시조에서 '긋다'의 의미는 '그리다'에 가깝고, 의미가 확산되어 '그리움'에도 다가가게 된다. 더 나아가 '삶의 행동양식' 으로 수렴되기에 이른다. 하나의 시어가 시적 맥락 속에서 다양한 해석을 낳기에 독자들에게 수용되는 이미지의 진폭을 넓혀준다.

계곡물 울리다가 쉼표로 흐르다가

무서운 기세마저 순한 물길 다듬더니

산세도 통째로 삼켜 벼랑 끝에 선 굿네

—「폭포」

시조 〈폭포〉를 읽으면 실제 폭포의 물줄기를 따라 흐르다가 벼랑 끝으로 내리 꽂히는 듯 강렬한 심상에 젖게 된다. 특히 종장의 "산세도 통째로 삼켜 벼랑 끝에 선 긋네"라는 표현에서는 장쾌한 운율감과 폭포의 역동성을 실감하게 된다. 김수영 시인의 시 〈폭포〉의 한 구절인 "곧은 절벽을 무서운 기색도 없이 떨어진다.", 조운 시인의 시조 〈구룡폭포〉의 한 구절인 " 구룡연(九龍淵) 천척절애(千尺絕崖)에 한번 굴러 보느냐."라는 구절에 버금가는 절창이다.

오기환 시인의 시조에 쓰인 '긋다'라는 동사는 시어의 의미를 더욱 풍부하게 하는 표현미학이다. 활달한 운율감 조성, 역동적 심상 형성, 시적 맥락에 따라 다양하게 해석 가능한 함의 등으로 화자의 정서에 생동감을 불어 넣고 시적 효과를 배가하고 있다.

이상과 같이 오기환 시인의 첫 시조집 『눈금 하나 그어 놓고』를 대략적으로 살펴 보았다. 오기환 시조의 시적 성취를 간략하게 요약하고 전망을 제시하며 해설을 마무리하고자 한다.

먼저, 오기환 시조의 시적 성취를 크게 세 가지로 대별하면 다음이다.

첫째, 오기환 시인의 시조는 정제된 형식미라는 시조의 본령을 잃지 않은 정격 시조이다. 단적으로 말하면 정갈한 아포리즘의 미학을 구축한 결정체라 할 수 있다. 오기환 시조는 정통성있는 시조의 전범(典範)으로 자리매김할 수 있다.

둘째, 오기환 시인의 시조는 숭엄한 모성애와 손자 사랑으로 인한 행복감을 주제로 형상화하고 있다. 모성 행위와 손자에 대한 무조건적 사랑 등 가족관계에 대한 진중한 탐구 결과를 구체화하고 있다. 오기환 시조에서 가족애는 창작의 주요 모티프(motif)로 작용하고 있다.

셋째, 오기환 시인의 시조는 동사 '긋다'를 통해 장쾌한 운율감과 역동적인 심상을 형성하고 있다. 표현미학적인 측면에서 '긋다'라는 동사는 화자의 정서에 생동감을 불어 넣는다. 또한 '긋다'라는 동사는 시적 맥락에 따라 다양한 의미를 함의하고 있는 시어로 등장한다.

다음으로, 오기환 시인의 향후 시조 창작에 대한 전망은 두 가지 방향으로 기대가 된다.

한 방향은, 오기환 시인의 시조는 모성시(母性詩)로서의 확장 가능성을 지니고 있다. 어머니를 시적 대상으로 한 오기환 시인의 시조는 모성 행위에 초점을 두고 있다. 이러한 시조는 사회적 맥락 속에서 능동적 주체자로서 모성을 구현하는 모성시로서의 확장 가능성을 기대하게 한다.

또 다른 방향은, 오기환 시인의 시조는 선취시(禪趣詩)로서의 확장 가능성을 지니고 있다. 불교사상을 제재로 한 오기환 시인의 시조는 생의 연륜을 바탕으로 관조적인 깨달음을 표출하고 있다. 이러한 시조는 자적(自適)한 삶의 선미(禪味)를 시적으로 승화시키는 선취시로서의 확장 가능성을 기대하게 한다.

눈금 하나 그어놓고

인쇄일 2023년 8월 25일
발행일 2023년 8월 31일

지은이 오 기 환
펴낸이 박 철 수
펴낸곳 도서출판 **해암**

등록번호 제325-2001-000007호
주소 부산시 중구 대청로 138번길 9 (대원빌딩 302호)
전화 051)254-2260
팩스 051)246-1895
메일 haeambook@daum.net

ISBN 978-89-6649-237-4 03810

값 13,000원